신발論

마경덕 시집

문학의전당 시인선
016

신발論

마경덕 시집

문학의전당

시인의 말

육쪽마늘을 한 접 샀습니다.

눈물을 흘리며
마늘을 깠습니다.
손톱이 매웠습니다.

겨우
한 접시 담아
내놓습니다.

차례

시인의 말

제1부

신발論 13
바게트 14
덩굴은 고집이 세다 16
칙, 칙, 압력솥 17
더미 가족 18
가방, 혹은 여자 19
폐가 20
골목이 고양이를 키운다 21
물이 끓는 동안—실연의 날들 22
빈둥빈둥 늙는 집 24
슬픔을 버리다 25
3월, 플라타너스 26
마지막 봄 28
누군가 골목을 건너갔다 29
불가마 사우나탕 30
목공소에서 32

제2부

조등(弔燈) 35
날아라 풍선 36
울음주머니 37
똥 38
개 40
성북동 가는 길 41
달팽이는 맨발이다 42
겨울에게 43
얼굴 44
단호박 자궁 46
오이는 씨가 없다 48
소나무 49
불온한 밥 50
굴뚝 52
넥타이 53
새벽이 오려 할 때 54

제3부

문 57
무꽃 피다 58
밤송이 59
사냥꾼 레이드 60
눈잣나무 61
수박밭 수용소 62
우리는 사막을 건너간다 64
텃밭에서 누군가 65
어느 날, 앞집 남자—랩(rap)풍으로 66
비타민 E 67
오래된 가구 68
시골집 마루 70
길에도 혀가 있다 72
비탈이 산을 쌓는다 73
살구꽃 하르르 74
그해 겨울 76

제4부

토마토　79
우물이 입을 열다　80
조개는 입이 무겁네　82
주일(主日)　83
흙, 벽　84
시인의 기도　85
짐승들 이야기　86
숫돌　87
대추, 혀가 풀리다　88
꽃아, 뛰어내려라　89
벚나무는 시위 중　90
야만(野蠻)의 봄　92
고로쇠나무　94
고래는 울지 않는다　95
명태야, 명퇴야　96

해설 | 연민과 위무의 시학　97
　　　김종태(시인, 호서대 교수)

제1부

신발論

2002년 8월 10일
묵은 신발을 한 무더기 내다 버렸다

 일기를 쓰다 문득, 내가 신발을 버린 것이 아니라 신발이 나를 버렸다는 생각을 한다 학교와 병원으로 은행과 시장으로 화장실로, 신발은 맘먹은 대로 나를 끌고 다녔다 어디 한 번이라도 막막한 세상을 맨발로 건넌 적이 있었던가 어쩌면 나를 싣고 파도를 넘어 온 한 척의 배 과적(過積)으로 선체가 기울어버린. 선주(船主)인 나는 짐이었으므로,

일기장에 다시 쓴다

짐을 부려놓고 먼 바다로 배들이 떠나갔다

바게트

먹음직한 빵이었네. 자고 나면 가슴이
빵처럼 부풀어 올랐네. 열다섯 해를 기다려
탐스런 복숭아 두 개를 가졌을 때
늦은 밤길에서 엄마는 말했지
"너 나이 때는 기름져서 바라만 봐도 군침이 돌지."
골목에서 휘파람을 불어대던 사내들, 모두
식성이 좋았네, 그중 배고픈 사내 하나
날 통째로 집어 삼켰네. 나, 한때 뜯어먹고 싶은
갓 구운 빵이었네

누르면 물컹한 크림이 빠져나오는
예쁜 빵을 셋 낳고,

김 빠져 서서히 굳어버린 딱딱한 빵
부딪히면 퍽퍽 소리가 나네
멀뚱멀뚱 쳐다보네
언제부턴가 덤덤한 빵을
나이프로 쓱쓱 썰고 있네

마른 빵에 잼을 바르고 듬뿍 버터를 얹네
버석버석 소리가 나는 빵끼리 투덜대네

왜 이리 맛없어? 대체 왜 이래?

덩굴은 고집이 세다

허공에 쑥, 손가락을 집어넣는 호박덩굴
가늘고 푸른 손가락이 둘둘 허공을 감아쥐고
하늘을 팽팽히 끌어당긴다
스스로 길이 되는 덩굴
무엇이든 가리지 않고 달려든다

기댈 곳을 찾는 여린 호박순
당겨보면 번지르며 살아온 힘이 있다
줄기가 뚝뚝 잘려나가도
거머쥔 손을 풀지 않는다

구부리면 휘어지는 만만한 것들
어깨와 어깨를 엮어 스크럼을 짠다

그 여린 것들이,
담벼락에 올라
벽을 허물기 시작한다
꾸역꾸역 벽을 먹어 치운다

칙, 칙, 압력솥

추가 움직인다. 소리가 뜨겁다
달리는 기차처럼 숨이 가쁘다
무언가 할 말이 있는 듯. 더는 참을 수 없는 듯
추를 마구 흔든다. 지금 당장 말리지 않으면
머리를 들이받고 자폭할 기세다
저 맹렬한 힘은 무엇인가
저 안에 얼마나 많은 신음이 고여 있는가
슬픔이 몸을 찢고 나온다
집 한 채를 끌고 소리가 달린다
밤기차를 타고 야반도주하는 여자처럼
속이 탄다. 부글부글

더미 가족

 차에 태우고 안전벨트를 매어주네. 낯익은 사내 웃으며 손수 시동을 걸어주네. 참 친절도 해라. 죽음이 이렇게 여유로울 수 있다니! 순간 끔찍한 공포를 잊고 말았네. 다녀올게요. 나들이처럼 손을 흔들며 마주 웃어 주었네. 옆자리엔 임신 중인 아내와 뒷좌석엔 어린 아들놈이 타고 있었네. 문을 닫으며 사내가 또 웃었네. 별일 아니야. 그 인자한 눈이 그렇게 말했네. 나는 널 낳은 아비야. 너에게 팔과 다리를 준 아비야. 자그마치 네 몸값이 얼만지 아니? 그래요. 억대가 넘는 몸값을 알아요. 나와 내 가족을 만드신 위대한 아버지. 내 가족의 갈비뼈는 아버지의 것과 비슷해요. 세상에서 가장 튼튼한 자동차 한 대를 만들기 위해 서슴없이 가족을 버리는 아버지. 이젠 당신이 원하는 것을 알아요. 도무지 방어(防禦)를 모르는 제 이름은 더미* 거든요. 아, 아버지 아무 걱정 마세요…… 이제 액셀을 밟고 벽을 향해 달려가면 되나요?

---

* 더미(dummy) : 센서가 달린 실험용 인형. 각종 자동차 충돌 시험에서 운전자 대신 가상의 사고를 당한 뒤 예상 상해치를 알려주는 역할을 함.

가방, 혹은 여자

 그녀는 무엇이든 가방에 넣는 버릇이 있다. 도장 찍힌 이혼 서류, 금 간 거울, 부릅뜬 남자의 눈알. 뒤축 닳은 신발. 십 년 전에 가출한 아들마저 꼬깃꼬깃 가방에 구겨 넣는다. 언젠가는 시어머니가 가방에서 불쑥 튀어나와 해거름까지 잔소리를 퍼부었다. 그녀의 취미는 접시 던지기, 지난봄, 던지기에 열중한 나머지 벽을 향해 몸을 날린 적도 있었다. 틈만 나면 잔소리를 향해, 바람난 남자의 뻔뻔한 면상을 향해 신나게 접시를 날린다. 쨍그랑 와장창!

 그녀의 일과는 깨진 접시 주워 담기. 뻑뻑한 지퍼를 열고 방금 깨뜨린 접시를 가방에 담는다. 맨손으로 접시 조각을 밀어 넣는 그녀는 허술한 쓰레기통을 믿지 않는다. 적금통장도 자식도 불안하다. 오직 가방만 믿는다. 오만 가지 잡다한 생각으로 터질 듯 빵빵한 가방, 열리지 않는 저 여자.

폐가

부스스 머리를 풀어헤친
집이 운다
빗물 고인 장독을 들여다보고

앞마당 잡초 더미
봉숭아 한 그루 붉게 터졌다
조랑조랑 꽃을 달고
어리둥절 서 있다

바람 한 점에
픽, 바지랑대 쓰러지고
놀란 집이 퍼뜩
한쪽 발을 쳐든다

사타구니 뵈는 집
더는 숨길 게 없다고 주머니를 뒤집어 탈탈 턴다

누가 알맹이를 빼먹고 껍질만 남겼을까

골목이 고양이를 키운다

 막다른 집에서 시작된 골목이 동네를 돌아다녀요. 막다른 집에서 걸어 나와 구불구불 기어간 골목의 등이 보여요. 집과 집 사이로 용케 피해 다니며 골목은 종일 고양이와 놀아요. 지붕에서 옥상으로 아찔한 난간으로 휙휙 고양이를 던지며 하루를 보내요. 즐거워라, 아이들이 사라진 골목. 골목끼리 고양이를 주고받으며 놀아요.

 또 던지려나 봐요. 수챗구멍에 쥐새끼를 풀고 수백 톤의 어둠을 골목에 부려요. 냉장고 음식을 봉투에 싸서 집 앞에 내놓아요. 봉투를 찢고 악취를 끄집어내고 죽은 쥐를 뒤꼍에 던져요. 불안한 눈 의심 많은 귀를 못된 고양이 얼굴에 달고 있어요. 벽을 디밀고 "뛰어넘어! 골목을 벗어나면 죽을 줄 알아." 으름장도 쳐요. 막다른 집 골목이 벽을 타고 올라가요. 다시 골목이 시작돼요. 휘익, 고양이가 날아와요.

물이 끓는 동안
― 실연의 날들

물이 끓어오르면
함께 달아오르지
찻주전자가 달달 끓듯,
너를 참을 수 없지, 빌어먹을

말없이 찻집을 나선 그 밤, 골목은 어두웠어
지린내 나는 골목은 깊은 터널이었지
나무 한 그루 없는 담벼락 밑에
고양이 울음이 떨어져 있었지
주머니에 손을 찌르고 너는
끝내 돌아보지 않았어
바람이 머리칼을 쓸어 넘기고
머플러는 숨 막히는 내 목을 휘감고
취객이 어깨를 툭, 치고 지나갔지
돌아보니 등을 보이고
담벼락에 오줌을 갈기고 있었어
욕설이 발등을 적시는
더러운 밤이었어

개새끼!
소리치고 싶었어

수없이 할퀴고 걷어차도
너는, 참 질겨

김이 오르는 동안만
바라볼게
허공에 너를 걸어두고
찻물이 끓는 그 시간만큼

빈둥빈둥 늙는 집

  지지난 봄, 집 앞에 들어선 연립 한 동, 분양을 알리던 현수막은 바람에 시들었다. 해를 넘겨도 팔리지 않는 집. 빈방에 어둠이 살고 있다. 빛바랜 만국기를 붙들고 집이 생각에 잠기는 동안 어둠이 야금야금 집을 뜯어먹는다. 하수구를 막고 지붕을 걷어내고 벽에 금을 긋는다. 불법 입주한 어둠은 난폭한 세입자, 뒤꼍에 모여 이곳에 뼈를 묻자고 소곤대는 소리에 벽지가 풀썩 무너져 내렸다. 빈둥빈둥 집이 늙고 5층 꼭대기로 벽돌을 져 나르던 늙은 여자는 노임을 포기하고 떠났다. 어둠이 옥탑으로 올라간 뒤 목을 뽑고 내려다보던 건달 같은 사내도 보이지 않는다. 뒤꼍으로 꽁초를 던지고 가래침을 뱉던 사내마저 치우고, 집은 덩그렇다. 마당에 그림자를 내려놓고 잠든 빈 집. 창문은 서랍처럼 닫혀 있다.

슬픔을 버리다

나는 중독자였다
끊을 수 있으면 끊어봐라
사랑이 큰소리쳤다
네 이름에 걸려 번번이 넘어졌다
공인된 마약이라고 누군가 말했다
문 앞을 서성이다 어두운 골목을 걸어 나오면
목덜미로 빗물이 흘렀다
전봇대를 껴안고 소리치면
빗소리가 나를 지워버렸다
늘 있었고 어디에도 없는
아득한 너를 만지다가
슬픔에 털썩, 무릎을 꿇기도 했다
밤새 알 수 없는 분노가 치밀어 올랐다
아무 데도 닿지 못하고 해를 넘겼다
네게 감염된 그때, 스무 살이었고
한 묶음의 편지를 찢었고
버릴 데 없는 슬픔을
내 몸에 버리기도 하였다

3월, 플라타너스

도로변 플라타너스 나무 기둥
일렬로 서 있다

지나가던 봄이 죽었나 살았나 귀를 갖다댄다
얼룩버짐 온몸에 퍼져 있다

도심을 가로지른 전선 아래
버스가 줄지어 달려가고
몸통만 남은 플라타너스
머리 위 전선을 비집고
막무가내 뭉툭한 모가지를 디민다

퍽퍽, 맨몸으로 허공을 들이받는
저, 저, 가지 끝
짐승 냄새가 난다

나무는 지금
터진 살을 꿰매는 중,

길을 가다가

성난 뿔을 보았다

허공에 쩌억 금이 가는 소릴 들었다

마지막 봄

 산등성이에 자리 잡은 암 병동. 늙은 벚나무 그늘이 오르막까지 따라왔다. 바람에 그늘이 흔들렸다.

 거꾸로 매달린 비닐 주머니에서 천천히 떨어지는 링거액, 신음소리가 침대 밑으로 굴러 떨어진다. 세 차례 췌장암 수술을 한 외삼촌. 졸고 있던 간병인 여자가 머쓱하게 웃는다.

 재깍재깍 태엽이 풀리고 낭비된 시간이 베개를 적신다. 복부에 붕대를 두른 사내, 휘파람을 불던 경쾌한 입술은 반쯤 벌어져 불안하고 멍청해 보인다. 페달을 밟던 힘찬 다리는 종일 빈둥거린다. 변두리로 떠돌며 한 번도 삶의 주연이 되지 못한 엑스트라는 단역을 끝내고 곧 무대 뒤로 사라질 것이다. 헐거운 사내가 희미하게 웃는다.

 꽃눈이 오네. 선잠을 깬 여자가 커튼을 열었다. 꽃이 눈처럼 날리는, 빌어먹을, 하필…… 봄이었다.

누군가 골목을 건너갔다

 움푹 파인 발자국이 골목을 걸어간다. 막 포장을 끝낸 질척한 골목을 오래전에 지나간, 발을 잃어버린 발자국. 딱딱한 콘크리트 발자국이 쉬지 않고 골목을 걸어간다. 구두가 운동화를 껴안고 큰 발이 작은 발을 업고 박성희 미용실, 월풀 빨래방, 현대 슈퍼를 돌아나간다. 사라진 발을 기억하는 발자국들. 빈 발자국을 따라간다. 어느 날, 찾아온 사랑은 나를 딛고 가버렸다. 버거운 영혼이 가벼운 영혼을 밟고 저벅저벅 앞만 보고 걸어가 버렸다.

 누군가 길에 마음을 빠뜨리고 한참을 찾으러 오지 않는다. 골목은 발자국 흉터를 가지고 있다.

불가마 사우나탕

사거리 불가마 사우나탕
동네 아낙들 둘러앉아
소금 마사지를 하고 있다
쓱쓱, 뱃살을 문지르는 부산정육점
지네 발 같은 수술 자국 출렁인다
비늘이 벗겨진 한물간 생선처럼
쌍둥이를 담았던 몸이 헐겁다
왼쪽 가슴을 도려낸 안성이불집
다섯 아이가 빨던 젖꼭지는
끝물 포도처럼 시들하다
소금에 몸을 절이는 아낙들
자린고비로 버티던 한 시절 건너와
흐르는 땀방울 소금보다 짜다
살피듬이 좋은 이천쌀집, 쿵작쿵작
송대관의 〈네박자〉에 어깨가 들썩인다
왁자한 웃음소리
돌아보면 웃을 날 있었던가
패트병 얼음물을 들이켜던

어물전 뼈드렁니도 흐흐 웃는다
오늘은 정기휴일, 시장 사람들
발가벗고 친목계를 치르는 중,
사철 뼈가 시린 여인들. 모두
벌겋게 잘 익었다
형님 아우 얼굴이 달덩이다
관절염을 앓는 형제식당이
또 한 번 모래시계를 뒤집는다

목공소에서

 희고 매끄러운 널빤지에 나무가 걸어온 길이 보인다. 나무는 제 몸에 지도를 그려 넣고 손도장을 꾹꾹 찍어 두었다. 어떤 다짐을 속 깊이 새겨 넣은 것일까. 겹겹이 쟁여 둔 지도에 옹이가 박혔다. 생전의 꿈을 탁본해 둔 나무, 빛을 향해 달려간 뿌리의 마음이 물처럼 흐른다.

 퉤퉤 손바닥에 침을 뱉는 목공. 완강한 톱날에 잘려지는 등고선. 피에 젖은 지도 한 장 대팻날에 돌돌 말려 나온다. 죽은 나무의 몸이 향기롭다.

제2부

조등(弔燈)

어두운 골목
지붕 낮은 집에 걸려 있다
누구의 죽음인지 조용한 상가(喪家)
보이지 않는 발자국이
등 밑으로 지나가고
흐린 창문을
바람이 슬몃 들여다본다

누구일까
가벼운 그림자가 스쳐간다
조문객 하나 없는 쓸쓸한 죽음이
좁은 골목을 걸어 나간다
이제야 불빛 하나 붙들고
골목길 터벅터벅
혼자 걸어 나간다

날아라 풍선

끈을 놓치면 푸드득 깃을 치며 날아간다

배봉초등학교 운동회, 현수막이 걸린 교문 앞. 깡마른 노인이 헬륨 가스를 넣고 있다. 날개 접힌 납작한 풍선들 들썩들썩, 순식간에 자루만큼 부풀어 오른다. 둥근 자루에 새의 영혼이 들어간다. 풍선 주둥이를 묶는 노인. 하나 둘, 공중으로 떠오르는 새털처럼 가벼운 풍선들. 절정에 닿는 순간 팡, 허공에서 한 생애가 타버릴, 무채색의 한 줌 영혼이 끈에 묶여 파닥인다. 평생 바람으로 떠돌던 노인의 영혼도 낡은 가죽 부대에 담겨 있다.

함성이 왁자한 운동장, 공기 주머니 빵빵한 오색 풍선들, 첫 비행에 나선 수백 마리 새 떼 하늘로 흩어진다. 뼈를 묻으러 공중으로 올라간다.

울음주머니

1

지붕에서 쥐가 운다. 덩어리로 뭉친 울음이 끅끅 목에 걸린다. 간밤에 취객이 토해놓은 밥알을 밥주머니에 잔뜩 쳐넣은 날개 달린 쥐. 허기진 주둥이로 제 그림자를 쪼아 먹는다. 뭉기적뭉기적 처마 끝으로 걸어가 잘린 발목을 들여다보고, 멀거니 황사 낀 하늘을 바라보고, 생각난 듯 토해놓은 울음을 다시 집어먹는다. 오래전 시궁쥐로 변한 비둘기 한 마리. 한 홉의 영혼에서 슬픔이 샌다.

2

먹어도 먹어도 배고픈 아귀, 옥탑방 노망난 할망구가 고함을 지른다. 퍽퍽 주먹으로 가슴을 친다. 평생 많은 눈물을 흘린 짜디짠 소금 주머니, 쪼글쪼글 들러붙은 울음주머니가 끅끅, 마른 눈물을 흘린다. 뻣뻣하게 쉬어버린 슬픔이 몸 밖으로 빠지지 않는다.

똥

내 하루는
입에서 항문으로 이어지는 미로를
벌레처럼 꿈틀꿈틀 기어가는 것
숨 막히는 갱도(坑道)를 더듬어
출구를 향해 나아가는

오로지 하강만이 허락되는
내 평생의 하루는
소멸의 두려움에 떨며
어둠 속을 무사히 통과하는 것

내 슬픔은
돌아오지 못할 길을
기억하는 것

어쩔 수 없는 길의 끝에서
가장 천한 이름으로

추락한다
첨벙!

개

왠지 만만하다

개꿈, 개꽃, 개살구, 개집. 개떡, 개뿔……

개가 붙으니 꿈은 사라지고
꽃 앞에 개가 오니 꽃이 진다

개죽음, 개새끼, 개 같은,

개는 개라서
충분히 슬프다

성북동 가는 길

이 동네의 주인은 높은 담이다

세콤이나 캡스를 달고 낯선 방문자를 가려낸다. 드디어 담도 사람처럼 생각을 갖게 된 것. 생각이 늘어나자 불안이 담을 쌓고 문을 걸었다. 성(城)처럼 우뚝한, 담은 이제 벽이다. 벽은 골목길 야채를 파는 리어카와 떨이를 외치던 생선 장수를 밀어내고 제 키보다 높은 지붕을 끌어내렸다. 벽뿐인 동네는 벽끼리 논다. 금을 긋고 등을 지고 건너편 벽의 뒤통수를 물끄러미 바라본다.

컹컹, 개 짖는 소리만 벽을 타고 넘는다. 담 높은 집 힘센 개들은 전봇대에 오줌을 갈기며 골목을 쏘다니는 똥개처럼 담 밖으로 나올 수 없다. 높아서 더 불안한, 거만한 벽은 끝까지 벽만 보여준다.

달팽이는 맨발이다

달팽이 한 마리, 무거운 짐을 지고
움찔움찔 벽을 탄다

뿔 끝에 눈을 달고 두리번
사방이 벽이다

길이
툭,
벽에서 끊어진다

와르르 쏟아지는 등짐
바닥에 뒤집힌 달팽이

맨발이다
발이 젖어 있다

겨울에게

내가 앉았던 자리가 그대의
지친 등이었음을 이제 고백하리
그대는 한 마리 우직한 소. 나는
무거운 짐이었을 뿐,
그대가 가진 네 개의 위장을 알지 못하고
그대를 잘 안다고 했네
되새김 없이 저절로 움이 트고 꽃 지는 줄 알았네
내뿜는 더운 김이 한 폭의
아름다운 설경(雪景)인 줄 알았네
그저 책갈피에 끼워 둔 한 장의
묵은 추억으로 여겼네
늦은 볕에 앉아 찬찬히
길마에 해진 목덜미를 들여다보니
내 많은 날이 얼마나 가벼웠는지 알겠네
거친 숨 몰아쉬며 한 발 한 발 내딛는
그대를 바라보며 기도하는 성자를 떠올리네
퀭한 눈 속의 맑은 눈빛을 생각하네
별이 식어 그대의 병이 깊네

얼굴

심벌이 불거진 근육질 남자, 브래지어 팬티 한 장 걸친 미끈한 여자
　버젓이 대로변에 서 있는 목 잘린 속옷 가게 마네킹들

　죄짓고 싶었네. 뻔뻔하고 싶었네. 많은 사람에게 면목 없고 싶었네
　저런 쳐 죽일, 배 터지게 욕먹고 싶었네
　목 위에 얼굴만 달리지 않았다면
　기왕이면,
　여러 개의 목을 갖고 싶었네. 꽁꽁 머리통 숨겨두고
　일회용 목으로 바꿔 달고 싶었네. 재빠른 자라목이 되고 싶었네

　왜 목은 하나일까
　건드리면 부러지는, 한심한
　목 위엔 얼굴이 있고
　얼굴에는 마경덕이라는 이름이 있네
　걸핏 짐승 발톱이 돋네

제발 나잇값 좀 하라고 엄마는 말하네

나 아직, 사람이 되지 못했네

단호박 자궁

죽을 쑤려고 호박을 자른다
뉴질랜드産 검푸른 단호박

자그만 몸뚱이, 어디에 이런 힘이 들었을까
칼날을 물고
텅,
도마에 텅, 텅,

온몸을 들이받고
돌덩이 같은 몸이 열린다

반으로 잘린 단호박 자궁

눈부신 속살에
호박씨들 우글우글 엉겨 있다

손을 넣어 끈끈한 호박씨를 긁어낸다
걸쭉한 피가 묻는다

움푹, 구덩이가 드러난다

세 번이나 도굴당한 내 몸에도
구덩이가 파였을 것이다

오이는 씨가 없다

벌 잡아라 벌. 여기저기 다급한 고함소리
농장 주인 애가 탄다. 푸른 덩굴 속으로 사라진 벌
오이꽃에 앉으면 농사를 망친다
벌과 사랑을 나눈 오이, 뱃속에 씨가 생겨 꼬부라진다

동네 슈퍼, 랩에 싸인 백다다기 오이
쭉 뻗은 오이는 순결의 상징이다
한 번도 사내를 안아보지 못한 숫처녀들
머리에 마른 꽃을 꽂고 있다
쩍, 배를 가르니 뱃속이 비리다

소나무

 내원사 계곡. 백 년 묵은 소나무 한 그루 쓰러져 있다. 가지를 찢고 뿌리를 뽑아 올린 바람 간 곳 없고 솔 이파리 누릇누릇 땡볕에 타고 있다. 소나무는 눈을 뜨고 서서히 죽어가는 제 몸을 바라본다. 물소리는 뿌리를 적시지 못한다. 저놈의 목에 밧줄을 걸고 기중기로 끌면 일어설 수 있을까.

 병든 노모에게 속옷을 입힌다. 거웃이 사라져 밋밋한, 여섯 번의 열매를 맺은 그곳, 시든 꽃잎 한 장 접혀 있다. 좁아든 볼기에 미끈덩 여섯 개의 보름달을 받아 안은 찰진 흔적 남아 있다. 노모가 눈으로 말한다. 내가 베어지면 그 등걸에 앉아 편히 쉬거라. 머리맡에 고요히 틀니가 놓여 있다. 앙상한 다리, 분홍 양말이 곱다. 기울어 가는 소나무, 반쯤 뽑힌 소나무에 링거를 꽂는다.

불온한 밥

만만한 밥, 씹기에 좋은
어머니, 나를 토해내셨지
난 소화하기 힘든 밥이었네

모서리가 없는
굴리면 굴러가는 어머니
입이 없는 어머니
뜯어먹기 좋은 어머니
나 오랫동안 과식을 했네

나는 지상의 불온한 밥

콘돔러브호텔전화방사채업자노숙자일회용애인오팔팔
뺑소니차사기꾼소매치기원조교제인신매매퍽치기

불온한 밥으로 도시는 자라고
어머니 나를 먹고 시들었네

언젠가 내 무덤은 이렇게 말하겠지

오 이런,
이렇게 맛없고 질긴 밥은 첨이야

굴뚝

모딜리아니의 슬픈 목
아니, 오지 않는 그 무엇을 기다리는
수도승의 목
그대를 하늘처럼 믿고 싶어
목을 매다는,
어리석은 나의 목

눈을 감고
텅 빈 지붕 위에 꼿꼿이 서 있다
저문 하늘로
쿵, 쓰러져 눕고 싶은
문 닫은 공장의 쓸쓸한
굴뚝

넥타이

머리를 조아린 습관대로 목은,
바닥을 향해 기울어 있다
처진 머리통을 추켜올려 몸뚱이에
단단히 묶는 일을 수십 년
거울 앞에서 의식처럼 행하던 사내
고개 위에 올려진 하루의 무게에
목은 ㄱ자 모양으로 꺾여 있다
술집과 노래방을 거쳐 온 얼큰한 어깨 위로
고였던 말(言)이 흘러내린다
어디쯤에서 사내의 다리가 사라졌을까
무게만 남은 머리 하나
비틀비틀 사내를 끌고 간다
붙잡을 변변한 줄 하나 없이
친친 끈으로 마음을 묶던 사내
헐거운 머리 하나
바닥으로 쿵 떨어진다

새벽이 오려 할 때

누군가 고무래를 밀고 간다
염전의 소금을 그러모으듯
장화를 신고 철벅철벅
어둠을 뭉쳐 고무래로 밀고 간다
어슴푸레 침침한 그림자가

이른 새가 우는 참에,
앞산의 이마가 보이고 굴참나무 펑퍼짐한 허리가 보이고
뒷간 가는 할매 댓돌에 첫발을 내려놓을 때
병아리는 마루에 물찌똥 싸고
절터 약수 철철철 넘치는 그때,
어디서 배고픈 새는 울고
삼월 대밭에 봄눈 날리고
왕소금처럼 굵어진 눈발에
희끗희끗. 대숲의 머리가 젖는 순간,

집 앞으로
어슴어슴한 그림자가

제3부

문

문을 밀고 성큼
바다가 들어섭니다

바다에게 붙잡혀
문에 묶였습니다

목선 한 척
수평선을 끊고 사라지고

고요히 쪽문에 묶여
생각합니다

아득한 바다가, 어떻게
그 작은 문으로 들어왔는지

그대가, 어떻게
나를 열고 들어왔는지

무꽃 피다

 비닐봉지를 열어보니, 후다닥 무언가 튀쳐나간다. 가슴을 치고 순식간에 사라졌다.

 무꽃이다. 까만 봉지 속이 환하다. 비닐봉지에 담긴 묵은 무 한 개 꽃자루를 달고 있다. 베란다 구석에 뒹굴던 새득새득한 무. 구부정 처진 꽃대에 연보랏빛 꽃잎이 달렸다. 참말 독하다. 물 한 모금 못 마시고 꽃을 피웠다. 손에 얹힌 무, 몸집보다 가볍다 척, 제 무게를 놔버리지 못하고 주저주저 망설인다. 봄이 말라붙은 무 꼬랑지 쥐고 흔들어댄 모양이다. 창을 넘어와 봉다리를 풀고 무를 부추긴 모양이다.

 눈을 뜨다 만 무꽃. 여기가 어디라고 덜컥, 꽃이 되었던가. 어미 살을 파먹고 꽃이 된 무꽃. 쪼그라진 젖을 물고 있는 무꽃.

밤송이

 수많은 호위병이 겨누는 날이 선 창(槍)을 보아라. 사력을 다하는 충실한 부하들은 빈틈없이 성을 에워쌌다. 둘러봐도 출구가 없는,

 완벽한 가시의 城

 누군가 고슴도치 갑옷을 빌려 입고
 칩거 중이다

사냥꾼 레이드

나는 육식성. 살아 있는 놈만 먹는다. 온몸에 사냥감을 문신처럼 새긴 발 **빠른** 사냥꾼. 주둥이는 접이식 총구. 건드리지 마라, 여차하면 폭발한다. 나는, 내 안에 찰랑찰랑 갇혀 있다. 치익, 분사되는 순간 안개처럼 피어 네 영혼으로 스며들

나는 싸늘한 불꽃. 너를 보면 만개한다. 구석을 향해 질주하는 놈에게 짜릿짜릿 전율한다. 찰나에 허공에서 피었다 지는 시한부, 나는 나를 소모한다.

누군가 목을 잡고 흔든다. 수만 개의 불꽃이 어둠을 박차고 출구로 딸려간다. 명중이다. 놈이 벌렁 뒤집힌다.

눈잣나무

나무가 기어간다
일제히 바람을 등지고 포복 중이다
눈보라가 귀때기를 베어 가는 설악산 대청봉
눈잣나무가 소리친다 엎드려!
피융피융 바람 총탄 빗발치는 산꼭대기
고개를 낮추는 게 살길이다
평지에선 곧추서는 바늘잎 눈잣나무
눈밭을 기어 엉금엉금 천 리를 나아간다
능선에 번지는 물결, 물결
무릎이 헐고 목이 꺾인
눈잣나무 파도가 산을 넘는다
떼로 몰려 벌판을 이루고
산 하나 힘겹게 떠메고 간다
바람을 버틸 만한 녀석은
줄기에 뿌리내린 눈잣나무뿐
바람 속에 둥지 틀고
엎드려 사는 법 누가 가르쳤을까
스스로 목을 치고 바닥에 누워 있다

수박밭 수용소

철조망에 둘러싸인 푸른 수용소
달빛 탐조등이 밤새 순찰을 돈다
줄무늬 푸른 옷을 입은 수감자들
발과 발이 묶인 채 잠들었다
높은 망대, 한 사내가 망을 본다

성급히 족쇄를 끊고 나간 어떤 수인(囚人)은
가시철망 너머 아스팔트에 던져졌다
박살난 머리통에서
환(丸)의 씨앗들 까맣게 쏟아졌다

(섣불리 속을 드러내지 말 것)

일찍이 살아남는 법을 터득한 수감자들
아무에게도 속을 보여주지 않는다

머리통 위에 머리통
머리통 밑에 머리통

묵묵히 바닥에 엎드려 꿈을 꾼다
풍선처럼 부풀어 오른다

성미 급한 밭 주인
죄 없는 머리통을 퍽퍽, 두드린다

우리는 사막을 건너간다

일렬로 앉아 집으로 간다
땅굴 지나 다리 건너 붉은 십자가 밑 지나간다
비석처럼 늘어선 도시의 십자가
거대한 묘지를 떼 지어 건너간다
종일 도시의 사막을 떠돌던 무리
신문을 덮고 귀마저 닫고 목하 기도 중,
손잡이에 매달렸던 전갈을 닮은 사내는
어느 사막으로 떠났을까
지팡이 하나로 더듬더듬 세상을 헤매는 저 맹인
캄캄한 사막에서 수없이 모세의 지팡이를 생각했으리
뒤따라 온 아이는 때 절은 쪽지와 껌 한 통을
무릎마다 놓고 간다

우린 지금 눈을 감고 회개 중,
전철이라는 낙타를 타고 사막을 건너가며

텃밭에서 누군가

누군가
아침부터 텃밭에 들어가
너른 잎에 빛이 담긴 자루를
탈탈, 털고 있네
보이지 않는 누군가가
열매들의 비린 목젖에
단물을 떠먹이네
덩굴 뒤에 숨은
애호박 꽁무니로
갓 구운 햇살을 밀어 넣으며
미로 같은 지문(指紋)을
낱낱이 호박잎에 새기고 있네

어느 날, 앞집 남자
— 랩(rap)풍으로

앞집 옥탑방, 빈 옥탑방, 이젠 아무도 살지 않아.

지난해 어린 딸과 옥탑에 살던 남자. 늦은 밤 가파른 계단이 그를 떨어뜨렸어. 그 남자 데굴데굴 굴렀어. 세상은 왜 이리 높은 거야. 올라갈 계단 왜 이리 많은 거야. 오르지 못한 세상, 노를 젓듯 팔을 휘둘렀어.

새벽이 왔어. 주인 남자 뒷마당에 누운 그 남자를 봤어. 술에 취해 엎어진 구두코는 쪽문을 가리키고 주머니에서 식은 붕어빵 한 봉지 쏟아졌어, 바닥에 널브러진 그 남자. 배가 터진 붕어들. 지느러미, 꼬리가 뭉개진 죽은 물고기들. 바닥에 흩어졌어. 출근길 골목이 술렁술렁, 119 구조대원, 백차도 달려왔어.

들것에 실린 두 손이 흘러내렸어. 그때 보았어. 찢어진 열 개의 손톱. 피멍 든 열 개의 손톱. 밤새 콘크리트 마당 후벼판 간절한 손가락. 죽음이 소리 없이 사내를 파먹고 있었어. 껍질만 남은 사내 들것에 실려 흔들흔들, 흔들흔들.

비타민 E

말랑하다. 꾹 누르면 끈적한 기름이 흐른다.
설명서를 펼쳐본다
―수족저림 시력보호 월경불순 노화방지

방금 목례를 건네던 그 여자 누구지? 건널목에서 마주친 얼굴이 언뜻 떠오르지 않는다. 덩달아 웃었고 파란불이 깜박였고 여자는 황급히 스쳐갔다. 언제부턴가 길거리에 줄줄 나를 흘리고 다닌다. 휴대폰은? 지갑은? 핸드백을 탈탈 턴다. 낯선 명함이 쏟아진다. 언제 어디서 닿았던 인연일까? 생각이 나를 잡아당기자 내가 뚝, 끊어진다. 깜박 퓨즈가 끊기고 생각은 나를 꺼버린다.

서둘러 되짚어가는 길, 어디쯤 나를 두고 왔을까. 하루에도 몇 번씩 나를 뒤진다. 몸 구석구석 마모(磨耗)가 심하다. 기름칠을 해야 한다.

오래된 가구

짧은 다리로 버티고 선 장롱
두 장정의 힘에 밀려
끙, 간신히 한 발을 떼어 놓는다
움푹 파인 발자국 네 개
한자리를 지켜 온 이십 년의 체중이
비닐 장판에 찍혀 있다

잠시 땀을 식히며 들여다본
가구의 목판(木版)
긁히고 멍든 자국이 드러난다
나무의 속살에 이렇듯 상처가 많았던가
언제부턴가 문짝에 틈 하나를 내주고
서서히 기울고 있었구나
머리맡에 서 있는 네게 기대어
책을 읽고 아이를 낳고 TV를 보며
남편의 늦은 귀가를 기다렸다

열 자나 되는 몸통을 지붕 아래 세우고

방바닥에 뿌리를 내린
묵은 나무 한 그루
어깨를 안아보니
우듬지로 오르는 물소리 들린다
가구는 아직 숲을 기억하는지
발아래 무성한 그늘을 늘어뜨리고

시골집 마루

마루는 나이를 많이 잡수신 모양입니다
뭉툭, 귀가 닳은 허름한 마루
이 집의 내력을 알고 있을 겁니다
봄볕이 따신 궁둥이를 디밀면
늘어진 젖가슴을 내놓고, 마룻귀에서
이를 잡던 쪼그랑할멈을 기억할 겁니다
입이 댓 발이나 나온 며느리가 아침저녁
런닝구 쪼가리로 박박 마루를 밀던
그 마음도 알고 있을 겁니다
볕을 따라 꼬들꼬들 물고추를 내어 널던 쪽마루
달포에 한 번, 건미역과 멸치를 이고 와서
하룻밤 묵던 돌산댁이 떠나면
고 여편네, 과부 십 년에 이만 서 말이여
구시렁구시렁 마루에 앉아 참빗으로 머릴 훑던
호랑이 시어매도 떠오를 겁니다
어쩌면 노망난 할망구처럼 나이를 자신 마루는
오래전, 까막귀가 되었을지도 모르지요
눈물 많고 간지럼을 잘 타던 꽃각시

곰살맞은 우리 영자 고모를 잊었을지 모르지만,
걸터앉기 좋은 쪽마루는
지금도 볕이 잘 듭니다
마루 밑에 누구의 것인지 찌든 고무신 한 짝 보입니다
조용한 오후
아무도 살지 않는 빈 마루에 봄이 슬쩍 댕겨갑니다

길에도 혀가 있다

혀가 있었다. 걷거나 달리거나 서 있는
바퀴의 지문(指紋)을 끈질기게 핥아먹는

 돌아보면 구불텅한 길 하나 졸졸 따라오고 바퀴에 길이 감기는 소리. 바퀴 속 탱탱한 바람이 무거운 세상을 밀고 있었다. 자전거와 수레바퀴들, 종일 휘감아 온 흙길을 뒤뜰이나 문간에 부려놓으며 흐린 지문을 읽었다. 느린 구름이 떠다니는 가파른 고개에서 보이지 않는 혀가 바퀴를 핥는 소리. 쉽게 곁을 주는 흙길에서 시나브로 바퀴가 야위어 가고

 바다 건너 허공에 길을 내고 세상 끝에 닿은 완강하고 다급한 길. 집을 덮치고 들판의 배를 가르고 고함을 치고 있었다. 아무 곳에나 털썩 주저앉아 길이 마음을 열 때까지 기다리는 바퀴들. 앞만 보고 달리라고 꾸물대지 말라고 걷어차는 길. 빙빙 꼭대기로 기어올라 산을 넘어뜨리고 길바닥에 달라붙은 산짐승의 홀쭉한 위장, 그 흔적마저 꿀꺽 삼키고

비탈이 산을 쌓는다

벼

랑끝

소나무

멀미를한

다벼랑밑박

달나무오리나무

참나무발을걸고서

로밀고당겨한발한발

산봉우리로올라간다고

꾸라질듯발밑아득한길늪

은소나무어린떡갈나무등을

밀고뒷산앞산허리춤붙잡고고

리와고리가맞물려탑을쌓는다산

무릎을우뚝일으켜세우고비탈은산

속에숨는다턱턱나무들의발목을치며

돌멩이골짜기로굴러간다데굴데굴데굴

살구꽃 하르르

살구나무 한 그루
마당에 솥단지 걸고 밥을 짓네
끓어오른 밥물, 밥물
골목으로 넘치네

훌쩍 담 넘은 살구나무
하얀 밥풀때기 엉겼네
볼따구니 며지도록 밥알을 물고
골목을 바라보네

살구나무에 묶인
천방지축 개 한 마리
컹컹 짖네
인심 좋은 살구나무
옛다 먹어라
밥 한 술 떠서 개에게 던져주네

찌그러진 개밥그릇

꽃 이파리 떨어지네

저렇게 잠깐 꽃은 지네
꽃인 듯 내가 지네

그해 겨울

흉년 든 그해
탱자처럼 노랗게 황달을 앓던 아버지
눈 오는 아침, 재첩을 사러 간
엄마는 오지 않고

언니와 나는 쪽마루에 걸터앉아
반 됫박 남은 호박씨를 까먹었다

종일 퍼붓는 눈
앞산의 눈썹이 지워지고
봉창 여닫는 소리, 잦은 기침 소리
뒤란 대밭 철퍼덕, 눈똥 누는 소리

눈이 내려
가뭇없는 길

휘청, 발을 헛디딘 대숲은
한 무리 새 떼를 날려 보냈다

제4부

토마토

마당귀에 심은 토마토 한 그루
눈만 마주쳐도 덜컥 애가 선다
간짓대 같은 몸뚱이
쇠불알만 한 새끼를 치렁치렁 달고
다시 입덧을 하는 토마토
누릇누릇 머리가 쇠고
허리가 휘었다
차마 놓을 수 없는 것들
버리지 못할 것들
안고 업고
작대기 하나로 버티는 토마토

또 만삭이다
저 무지렁이 촌부(村婦)

우물이 입을 열다

우물은 덮여 있다. 누군가
입을 틀어막았다
창경궁 뒤뜰, 오래된 우물
무거운 뚜껑을 밀치면
신음처럼 한숨이 샌다
굳게 입을 다문
우물은 입이 헐었다

돌벽에 더께 진 마른 이끼
벽을 치며 오르내린 두레박은 사라졌다
수백 년을 탕진한
저 시커먼 우물 속
몇 권의 슬픔이 묻혀 있나

해는 기울고
우물 곁, 굽은 소나무
그림자 한 벌 꺼내 바닥에 깔고
챙모자 쓴 젊은 여자, 유모차를 끌고

눈멀고 귀먹은 우물을 지나가고

집복헌* 앞에 쪼그려 앉은 우물
쇠울타리에 갇혀 캄캄하게 늙어간다
뚜껑 위에 발자국 하나 낙관처럼 찍어두고

* 집복헌(集福軒) : 창경궁의 내전 건물로 사도세자가 태어난 곳.

조개는 입이 무겁네

조개는 나이를 등에 붙이고 다니네. 등딱지에 너울너울 물이랑이 앉아 한 겹, 두 겹, 주름이 되었네. 끊임없는 파도가 조개를 키웠네.

저 조개, 무릎이 닳도록 뻘밭을 기었네. 어딜 가나 진창이네. 평생 몸 안에 갇혀 짜디짠 눈물을 삼켰네. 조개는 함부로 입을 열지 않네.

조개 장수 아줌마. 쪼그려 앉아 조개를 까네. 날카로운 칼날이 앙다문 입을 여는 순간 찍, 조개가 마지막 눈물을 쏟네.
"지랄한다, 이놈아가 오줌발도 쎄네."
조개 까는 아줌마 쓱 손등으로 얼굴을 닦네. 조개껍데기 수북하네.

주일(主日)

유능한 사단장이 있었는데 공을 세워 많은 상을 받았다고 합니다. 어느 날, 그 사단장 집에 놀러갔는데 많고 많은 상장 맨 위에 집사 임명장이 있더랍니다. 이유를 묻자 사단장이 말했답니다.

"집사 직분은 하나님이 저에게 주신 하늘의 상이지요. 나머지는 세상 사람들이 저에게 준 상이랍니다."

우리 목사님 말씀입니다.

흙, 벽

 흙 한 줌 덥석, 발등에 떨어진다. 뭉텅 살점이 나간 벽, 갈빗대가 드러났다. 흙 속에 묻힌 가지런한 갈대들. 군데군데 바람을 메운 투박한 손자국에 수심이 묻어 있다. 누군가 흙손으로 벽의 주름을 펴고 흙 한 덩이 떼어 척, 구멍을 메울 때 불도장처럼 마음이 찍혔으리. 저 벽 속에 살던 두꺼비손을 가진 사내, 갈대 한 짐 마당에 부려놓고 벽의 뼈대를 촘촘히 엮었으리. 황토를 져 나르고 실팍한 장딴지로 흙을 치대면 욕심 없는 맨발에 흙은 반죽처럼 순해져서 벽이 되었을 것. 벽 속으로 들어간 사내는 집의 중심이 되었을 것.

 중심을 잃은 벽, 입술을 달싹이는데 아무 소리도 들리지 않는다.

시인의 기도

하나님
저, 복 주지 마세요

많은 재물과 넘치는 친구를 주시면
필경, 시간을 탕진하며
한 권의 책도 읽지 않고
한 줄의 글도 쓰지 않을 것입니다

다만, 제 영혼을 목마르게 하소서
쉬지 않고 물을 찾아 헤매게 하소서
이 팍팍한 세상에
좌절과 슬픔의 힘으로,

다행히 저는 시를 씁니다

행여 복 주지 마세요. 하나님.

짐승들 이야기

　그 모피 공장엔 짐승들이 우글거렸네. 사람인 척하는 짐승 같은 사람과 짐승처럼 묵묵히 일만 하는 사람들과 죽은 짐승들의 눈(眼)이 쌓인 모피 창고가 있었네. 숨쉬기조차 힘들게 날아오르는 짐승의 털도 가난을 밀어내지 못하고 배고픈 짐승들, 배부른 짐승의 하룻밤 술값 정도에 금세 길들여졌네. 숱한 밤이 뜬눈으로 들들들, 미싱에 박혀 죽고 먼지 쌓인 바닥에서 죽은 짐승들의 물 먹인 껍데기는 고무줄처럼 팽팽히 당겨졌네. 여우 한 마리 팔딱, 재주 넘어 열 마리 여우로 둔갑했네. 수입산 백여우 뱃가죽을 칼로 찢으며 끈질기게 살아남은 짐승들, 늘어난 가죽에 빗질을 하며 눈부신 빛을 달고 달았네. 죽어서 더 빛이 나는 껍데기에 밤새 날개를 달았네. 그저 일밖에 모르는 미련한 짐승들, 백여우의 탐스러운 꼬리에 손 베이는 줄 몰랐네. 수없이 죽어간 짐승들의 슬픈 눈에 그해 여름, 펄펄 눈이 내리고.

숫돌

밋밋한 돌덩이가 칼을 쥐고 논다
얼마나 칼을 갈아 마셨는지
쇠비린내 물큰 난다
쇠붙이를 물어뜯은 제 몸도 우묵하다
허공에 무수히 칼자국이 나 있다

대추, 혀가 풀리다

 제 몸에 불을 지른 대추. 쪼글쪼글 온몸이 졸아든다. 벼랑 끝 가부좌 틀고 한 계절 묵언에 든 수행자(修行者). 화두를 쥔 단단한 사리 한 알 중심에 박혀 있다. 바람과 천둥이 비껴간 천신만고 나뭇가지, 뜨거운 침묵에 나무가 휜다.

 설설 끓는 대추. 더듬더듬 말문이 트이고 시름이 녹는다. 걸쭉한 눈물이 쏟아진다. 뭉근히 달인 대추차 한 잔. 오래 삭힌 말씀이 달다.

꽃아, 뛰어내려라

 나무도 똥을 눈다, 따신 바람 불면 겨우내 묵은 꽃똥을 일제히 싸대기 시작하는데,
 오동도 동백 숲, 나무 가랑이 밑에 똥 덩이 널렸는데, 여기저기 용쓰는 소리 들리는데, 햐, 디딜 데 없는 똥밭이다.

 이놈들, 사람이 곁에 와도 엉덩이 까놓고 볼일 본다. 그늘에 앉은 연인들의 어깨에 철퍽, 봄마중 나온 아지매 얼굴에 철퍽,

 당최 나올 것이 나오지 않는다. 변기에 앉아 연신 끙끙대는 어머니. 무엇이 그리 단단히 막혔을까. 길은 사라진 지 오래. 살길이 막막한 몸속에도 길이 있다는데, 들어가면 나올 길도 있다는데,

 욕실 문 사이로 장작개비 같은 허벅지 보인다. 언제부턴가 문을 열어 두고 볼일을 보신다. 답답해, 답답해, 자꾸 문을 열어젖힌다. 붉은 동백을 다 피우신 어머니. 서서히 몸이 닫히는 중이다.

벚나무는 시위 중

신림동 오복연립
벽에 ×가 크게 그려져 있다
×표 밑 붉은 페인트로 써놓은
이사 갓씀 이사 갓씀
두어 집을 남기고 벽은 붉은 글씨로 덮여 있다
연립주택 앞 늙은 벚나무
찢어진 현수막을 붙들고 시위 중이다
'재건축 결사반대'
오래 앓았던 글씨가 바람에 날리고
삼층 꼭대기 빨랫줄의 수건 한 장
백기처럼 펄럭인다
가스통이 뒹구는 집 앞 공터
문짝 없는 장롱과 부러진 의자들
봄비에 시름시름
벚나무 아래, 낯선 사내들 앉았다 가고
벽을 타고 퍼져간 붉은 글씨
깨진 유리창으로 하나둘 기억이 빠져나간 집
머리띠 두르고 구호를 외치던

사람들은 어디로 갔는가
혼자 남아 시위 중인 오복연립 벚나무
종일 허공에 꽃잎을 뿌리고 있다

야만(野蠻)의 봄

가시투성이 찔레
찔레를 타고 앉은 능소화
얼키설키 머리끄덩이 뒤엉킨
나팔꽃, 콩넝쿨, 호박덩굴

동물적인,
끔직한 식물성들

여리고 푸른 발에
쇠 징이 박힌 군화를 신고 있다

봄볕에 허천난 듯
밀리면 끝장이라는 듯
비켜비켜비켜
밟고 떠밀고 아우성이다

싸움을 피해 뛰쳐나온 햇줄기들
갈 곳이 없다. 결국

저 싸움터가 제 길이다

살아남는 놈들만 꽃을 피운다

고로쇠나무

 백운산에서 만난 고목 한 그루. 밑동에 큼직한 물통 하나 차고 있었다. 물통을 반쯤 채우다 말고 물관 깊숙이 박힌 플라스틱 호스를 내려다보고 있었다. 누군가 둥치에 구멍을 뚫고 수액을 받던 자리. 시름시름 잎이 지고. 발치의 어린 순들, 마른 잎을 끌어다 푸른 발등을 덮고 있었다.

 링거를 달고 변기에 앉은 어머니. 기저귀를 갈아주는 자식놈에게 부끄러워 얼른 무릎을 붙이는, 옆구리에 두 개의 플라스틱 주머니와 큼직한 비닐 오줌보를 매단 어머니. 호스를 통해 세 개의 주머니에 채워지는 어머니의 붉은 육즙(肉汁). 오십 년 간 수액을 건네준 저 고로쇠나무.

고래는 울지 않는다

연기 자욱한 돼지곱창집
삼삼오오 둘러앉은 사내들
지글지글 석쇠의 곱창처럼 달아올랐다
앞니 빠진 김가, 고기 한 점 우물거리고
고물상 최가 안주 없이 연신 술잔을 기울인다
이 술집 저 술집 떠돌다가
청계천 하류로 떠밀려 온 술고래들
어느 포경선이 던진 작살에 맞았을까
쩍쩍 터진 등을 감추며 허풍을 떠는
제일부동산 강가, 아무도 믿지 않는 얘기
허공으로 뻥뻥 쏘아 올린다.
뭍으로 밀려난 고래들, 돌아갈 수 없는
푸른 바다를 끌어와 무릎에 앉힌다
새벽이 오면 저 외로운 고래들
하나둘, 불빛을 찾아 떠날 것이다
파도를 헤치고 무사히 섬에 닿을 수 있을지……
바다엔 안개가 자욱하다
스크루처럼 씽씽 곱창집 환풍기 돌아간다

명태야, 명퇴야

눈을 뜨고 처마 끝에 매달린 명태
건들건들 바람에 끌려
북어가 될 젖은 명태
방망이에 흠씬 두드려 맞고,
명태가 아닌 북어라고
깨달을 명태

끈에 묶인 아가미는
벼랑 끝에 걸리고
꼬리는 허공에 놓여 있다

이제, 그만
무거운 바다를 내려놓아라
가벼운 영혼을 내려놓아라

너는, 명예롭게 퇴직했다

바다에게 명퇴당한 명태야

해설

연민과 위무의 시학

김종태 시인, 호서대 교수

1.

마경덕의 시 곳곳에는 따뜻한 인간의 체취가 배어 있다. 사물, 공간, 자연, 이웃, 가족 등등에 대한 섬세한 관찰과 자상한 관심을 통하여 시인은 세계와 자아의 합일을 향한 동일성의 시정신을 구현한다. 그러므로 그의 시는 전형적인 서정시의 품격을 잘 갖추고 있어서 읽는 이의 마음을 편안하고 따뜻하게 만든다. 그의 시어는 굴절과 왜곡을 지향하는 실험의 언어가 아니라 주관과 객관의 융합을 추구하는 서정의 언어이다. 시인은 개성 있는 시선을 통하여 세계 안에 내재한 시적 순간과 상황을 읽어낸다.

마경덕의 시선이 가장 자주 머무는 곳은 오래되어 쇠락

해가는 사물들이며 동시에 그 사물들이 있는 공간이다. 그러나 시인은 그것들의 소멸만을 말하지 않고, 점점 더 쓸모없는 것이 되어가고 있는 사물들에게 새 생명을 불어 넣어준다. 시인이 바라보고 있는 일상의 공간은 낡고 빛바랜 존재들로 가득 차 있지만 시인은 소멸하는 존재를 위무하고 연민하는 상상력을 보이고 나아가 그 퇴락한 사물이 지닌 존재론적 의미를 다시금 읽어낸다. 시인의 등단작이면서 이번 시집의 표제시인 「신발論」은 이러한 인식 태도를 잘 보여준다.

2002년 8월 10일
묵은 신발을 한 무더기 내다 버렸다

일기를 쓰다 문득, 내가 신발을 버린 것이 아니라 신발이 나를 버렸다는 생각을 한다 학교와 병원으로 은행과 시장으로 화장실로, 신발은 맘먹은 대로 나를 끌고 다녔다 어디 한번이라도 막막한 세상을 맨발로 건넌 적이 있었던가 어쩌면 나를 싣고 파도를 넘어 온 한 척의 배 과적(過積)으로 선체가 기울어버린. 선주(船主)인 나는 짐이었으므로,

일기장에 다시 쓴다

짐을 부려놓고 먼 바다로 배들이 떠나갔다

—「신발論」 전문

이 시의 첫 구절은 시인이 쓴 일기의 한 구절이기도 하다. 그러므로 이 시는 수필적 문체와 시적 문체를 잘 조화시키는 작업을 시도한 셈이다. 시인이 묵은 신발 한 무더기를 버렸을 때에는 분명 '나'는 주체였고 '신발들'은 객체였지만, 시인은 반성적 사유를 통하여 주체와 객체의 관계를 전복시킴으로써 내가 신발을 버린 행위는 곧 신발이 나를 버린 행위로 전이된다. 반 고흐의 그림 〈구두〉를 논한 하이데거의 글을 빌리면, 마경덕의 신발은 스스로 존재의 은폐성을 깨고 이 세계를 향하여 그 존재성을 현현시키고 있는 중이다. 새 신발이 아닌 "묵은 신발"이 그 존재성을 드러내게 되는 것은 일종의 역설이다. 신장 속에서 오랫동안 가려져 있던 신발의 존재성을 이제야 인식한 시인은 두 가지 깨달음에 이르게 된다. 첫째, 신발은 오랜 시간 동안 '나'를 싣고 다닌 배였으므로 그 배와 '나'의 분리로 인하여 '나'는 세상을 살아가는 데 필요한 수단 하나를 잃게 되었다는 것이며, 둘째, 신발이 떠나는 곳은 인간의 세속 잡사가 사라진 "먼 바다"와도 같은 곳인데 '나'는 그곳으로 신발과 동행할 수 없다는 것이다. 이 두 가지 깨달음을 통하여 시인은 신발이 자신보다 훨씬 더 의미 있는 존재라는 사실을 확인한다. 이러한 각성은 자신에 대한 반성적 성찰로 인해 가능했다.

 희고 매끄러운 널빤지에 나무가 걸어온 길이 보인다. 나무는 제 몸에 지도를 그려 넣고 손도장을 꾹꾹 찍어 두었다. 어떤 다짐을 속 깊이 새겨 넣은 것일까. 겹겹이 쟁여둔 지도에 옹이가 박혔다. 생전의 꿈을 탁본해 둔 나무, 빛을 향해 달려간 뿌리의 마음이 물처럼 흐른다.

 퉤퉤 손바닥에 침을 뱉는 목공. 완강한 톱날에 잘려지는 등고선. 피에 젖은 지도 한 장 대팻날에 돌돌 말려 나온다. 죽은 나무의 몸이 향기롭다.
—「목공소에서」 전문

효용론적으로 보면 「신발論」에 나오는 신발은 원래적 소용을 다해버린 존재이지만, 「목공소에서」에 나오는 나무는 식물로서의 죽음을 통해서 새로운 존재 형태를 찾아가는 과정에 있는 존재이다. 그러나 나무가 가구나 집기로 변하면 숲 속의 나무라는 본래적 존재성은 사라지게 된다. 그러므로 시인이 읽고 있는 "나무가 걸어온 길"은 이 목공소를 분수령으로 하여 끝이 나게 된다. 겹겹이 쟁여둔 지도에서 옹이를 발견함으로써 시인은 그 나무가 걸어온 생의 질곡과 역경을 읽어내지만 나무가 탁본해놓은 꿈은 이제 다만 "생전의 꿈"에 지나지 않음을 안다.

그러나 시인은 "빛을 향해 달려간 뿌리의 마음"을 위로하며 나무의 전생(前生)을 감싸 안는 태도를 보인다. 대팻날에 말려나오는 나무의 흔적들이 향기로움으로 전이되는 순간, 죽음의 제의는 완성된다. 이 시는 정령적 세계관을 내포한다. 이와 같은 세계관은 목공소의 나무가 다른 생으로 선택한 가구를 형상화한 "열 자나 되는 몸통을 지붕 아래 세우고/방바닥에 뿌리를 내린/묵은 나무 한 그루/어깨를 안아보니/우듬지로 오르는 물소리 들린다/가구는 아직 숲을 기억하는지/발 아래 무성한 그늘을 늘어뜨리고"(「오래된 가구」)라는 부분에서도 그대로 이어진다. 위의 시들이 사물에 관한 것이라면, 다음 시는 사물과 인간을 함께 아우르는 시선을 보여준다.

지지난 봄, 집 앞에 들어선 연립 한 동, 분양을 알리던 현수막은 바람에 시들었다. 해를 넘겨도 팔리지 않는 집. 빈방에 어둠이 살고 있다. 빛바랜 만국기를 붙들고 집이 생각에 잠기는 동안 어둠이 야금야금 집을 뜯어먹는다. 하수구를 막고 지붕을 걷어내고 벽에 금을 긋는다. 불법 입주한 어둠은 난폭한 세입자, 뒤꼍에 모여 이곳에 뼈를 묻자고 소곤대는 소리에 벽지가 풀썩 무너져 내렸다. 빈둥빈둥 집이 늙고 5층 꼭대기로 벽돌을 져 나르던 늙은 여자는 노임을 포기하고 떠났다. 어둠이 옥탑으로 올라간 뒤 목을 뽑고 내려다보던 건달 같은 사내도 보이지 않는다. 뒤꼍으로 꽁초를 던지고 가래침을 뱉던 사내마저 치우고, 집은 덩그렇다. 마당에 그림자를 내려놓고 잠든 빈집. 창문은 서랍처럼 닫혀 있다.
─「빈둥빈둥 늙는 집」 전문

시인이 이 시를 통하여 우선 들려주고자 하는 것은 "늙는 집"에 관한 이야기이다. 완성 단계에 이른 연립 한 동이 왜 이렇게 방치되게 되었는지에 관한 구체적인 이유를 찾을 수는 없지만, 주택으로서 소용되지 못한 채 낡아가고 있는 이 집의 모습은 음험함의 정서를 두렷이 환기시킨다. 제대로 된 주인을 만나본 적도 없이 늙고 있는 이 집은 결국 집의 주인이 떠나가 버린 폐가나 다름 아니다. 새 집으로서의 존재 회복 가능성은 점점 더 희박해지고 결국 하수구도 막히고 지붕도 걷히고 벽은 금이 가는 상황에 이르렀다.

시인은 다시 두 사람에 관한 이야기를 은근슬쩍 꺼내놓는다. "빈둥빈둥 집이 늙고 5층 꼭대기로 벽돌을 져 나르던 늙은 여자는 노임을 포기하고 떠났다. 어둠이 옥탑으로 올라간 뒤 목을 뽑고 내려다보던 건달 같은 사내도 보이지 않는다"라는 구절에서 보이듯 이들은 모두 가난한

뜨내기 인생들이다. 막노동을 하던 늙은 여자와 건달같이 지내던 사내는 둘 다 "빈둥빈둥 늙는 집"과 같이 영락(零落)한 존재인데 이들은 누추한 집조차도 가져 보지 못했을 것이다. 사물에 대한 연민이 사람에 대한 연민으로 이어질 수밖에 없음을 이 시는 말해 준다.

2.

마경덕의 시에는 화해의 양식과 불화의 양식이 공존한다. 불화의 시정신은 시인이 그가 발 딛고 있는 세계 현실의 폐단과 불합리를 보았기 때문에 나타난 것이며, 화해의 시정신은 그러한 세계의 비극성이 지대함에도 불구하고 그 정화의 가능성을 믿었기 때문에 생겨난 것이다. 요컨대 마경덕의 시의식은 어떠한 상황 인식에도 불구하고 극단적인 절망감에 이르지 않은 채 궁극적으로는 화해의 세계를 지향할 수 있는 여지를 남긴다. 화해의 여지와 가능성을 담보하는 것이 사랑과 연민의 시정신이다. 이러한 시정신은 여러 사람들에 관한 이야기에서 뚜렷이 나타난다. 시인을 눈물짓게 하는 것도 사람이며 시인이 끝내 사랑할 수밖에 없는 대상도 사람이었다.

끈을 놓치면 푸드득 깃을 치며 날아간다

배봉초등학교 운동회, 현수막이 걸린 교문 앞. 깡마른 노인이 헬륨 가스를 넣고 있다. 날개 접힌 납작한 풍선들 들썩들썩, 순식간에 자루만큼 부풀어 오른다. 둥근 자루에 새의 영혼이 들어간다. 풍선 주둥이를 묶는 노인. 하나 둘, 공중으로 떠오르는 새털처럼 가벼운 풍선들. 절정에 닿는 순간 팡, 허공에서 한 생애가 타버릴, 무채색의 한 줌 영혼이 끈에 묶여 파닥인다. 평생 바람으로 떠돌던 노인의 영혼도 낡은 가죽 부대에 담겨 있다.

함성이 와자한 운동장, 공기 주머니 빵빵한 오색 풍선들, 첫 비행에 나선 수백 마리 새 떼 하늘로 흩어진다. 뼈를 묻으러 공중으로 올라간다.

―「날아라 풍선」전문

순식간에 부풀어 오른 수소 "풍선"이 새로운 삶의 길을 찾아나서야 하는 상황에 있는 존재라면, '노인'은 평생 바람으로 떠돌다 이제는 죽음 가까이에 와 있는 존재이다. 그러나 이 두 존재 모두 머지않아 소멸의 순간을 맞이해야 한다는 사실은 마찬가지이다. 풍선에게 죽음은 곧 절정이라면, 노인에게 죽음은 절정의 의미보다는 파국의 의미를 더 크게 지닌다. 풍선은 제 꿈을 펼치기 위해서 새털처럼 가볍게 공중으로 향하고 그럴수록 죽음의 시간은 임

박해 온다. 그러나 부초처럼 떠돌던 노인의 생애를 두고 새털처럼 가벼웠다고 말할 수는 없을 것이다.

바슐라르의 말을 빌리면 인간은 하늘을 날고 싶은 공기적 상상력을 꿈꾼다. 그러나 하늘을 지향하는 역동적 상상력은 중력이라는 거대한 한계에 부딪히고 만다. 인간이 새나 바람처럼 이 세상을 자유롭게 날아다닐 수 없는 이유가 여기에 있다. 노인은 짧지 않은 세월 동안 수소 풍선을 만들어 오면서 새처럼 날아가는 그 풍선을 보고 대리 만족을 느끼고 있었을지도 모른다. 시인은 "평생 바람으로 떠돌던" 노인이 하늘로 날아가는 풍선을 만드는 모습을 보면서 묘한 역설의 순간을 확인하였을 것이다. 그러나 하늘로 날아간 풍선은 그것을 만들어준 노인보다 더 빨리 소멸해야 하는 운명을 지녔다. 수소 풍선의 원리가 주는 허망함은 또한 인간의 삶을 닮았다. "뼈를 묻으러 공중으로 올라간다"라는 구절에 이르러 허무의식은 강화한다. 요컨대 이 시는 풍선의 모습과 노인의 생애를 묘하게 대비시키면서 애잔한 슬픔을 자아낸다.

"가죽 부대에 담겨" 머지않아 다가올 죽음을 기다리고 있는 "노인의 영혼"에 대한 연민은 「어느 날, 앞집 남자―랩(rap)풍으로」에서는 불의의 죽음을 당한 홀아비에 대한 연민으로 이어지기도 하며, 「조등」에서는 조문객 하나 없는 쓸쓸한 죽음에 대한 애도의 마음으로 이어지기도 한다. 전자가 경쾌한 리듬을 구사하면서 비극적인 서사를 반어적으로 표현하고 있다면 후자는 고도로 압축된 시행을 통하여 허전한 죽음의 공간을 시각적으로 형상화하는 데 성공하고 있다.

> 연기 자욱한 돼지곱창집
> 삼삼오오 둘러앉은 사내들
> 지글지글 석쇠의 곱창처럼 달아올랐다
> 앞니 빠진 김가, 고기 한 점 우물거리고
> 고물상 최가 안주 없이 연신 술잔을 기울인다
> 이 술집 저 술집 떠돌다가
> 청계천 하류로 떠밀려 온 술고래들
> 어느 포경선이 던진 작살에 맞았을까
> 쩍쩍 터진 등을 감추며 허풍을 떠는
> 제일부동산 강가, 아무도 믿지 않는 얘기
> 허공으로 뻥뻥 쏘아 올린다.
> 뭍으로 밀려난 고래들, 돌아갈 수 없는
> 푸른 바다를 끌어와 무릎에 앉힌다
> 새벽이 오면 저 외로운 고래들
> 하나둘, 불빛을 찾아 떠날 것이다
> 파도를 헤치고 무사히 섬에 닿을 수 있을지……
> 바다엔 안개가 자욱하다

스크루처럼 씽씽 곱창집 환풍기 돌아간다
―「고래는 울지 않는다」 전문

한때 대양을 누비는 고래처럼 활기차게 살았던 사내들이 이제는 돼지곱창집 화덕 앞에 옹기종기 모여 앉아 술잔을 나누는 술고래가 되었다. 어떤 이는 앞니가 빠져 있고 어떤 이는 등이 쩍쩍 터져 있다. 그들의 모습과 행동을 보면 그들이 얼마나 고단한 풍찬노숙의 삶을 살아왔는지 짐작할 수 있다. "뭍으로 밀려난 고래"라는 비유에서 알 수 있듯, 모진 삶의 이력에도 불구하고 그들에게 남은 것은 가난과 소외뿐이었다. 그러나 거센 삶의 풍랑을 헤치며 용감하고 건강하게 살아갔던 황홀했던 삶의 기억은 살아 있어 때론 "돌아갈 수 없는/푸른 바다를 끌어와 무릎에 앉"히는 상상도 해보지만, 이러한 상상은 그들 가슴을 더욱 회한에 젖게 만든다. 이 술자리를 파한 후 그들이 다시금 찾아가게 될 섬은 과연 그들 앞에 나타날 수 있을지도 의문이다. 시인의 시선은 어느덧 자욱한 안개에 와 닿고, 영락한 사내들을 향한 연민의 정이 깊어간다.

3.

타자를 향해 열린 사랑의 시정신을 구현하는 마경덕의

세계 인식 방법은 모성성에 대한 깊은 성찰에 이르러 더욱 밀도 있는 형이상학을 보여주게 된다. 일원론적인 시선을 통하여 죽음에서 삶을 읽어내기도 하며 삶에서 죽음의 기미를 발견하기도 하는 마경덕의 시는 생명의 원천이 여성성 혹은 모성성임을 자각하면서 생명의 시원인 모성성이 쇠락하여 가는 형상을 몹시 안타깝게 바라본다. 모성성의 쇠락에 대한 인식은 아내이며 어머니인 시인 자신에 대한 자의식과 깊은 관련을 지닌다. 스스로도 이미 여러 가지 모성적 체험을 한 시인은 죽음 가까이 다가선 어머니에 대하여 애달픈 마음을 지니고 있다.

나무도 똥을 눈다, 따신 바람 불면 겨우내 묵은 꽃똥을 일제히 싸대기 시작하는데,
오동도 동백 숲, 나무 가랑이 밑에 똥 덩이 널렸는데, 여기저기 용쓰는 소리 들리는데, 햐, 디딜 데 없는 똥밭이다.

이놈들, 사람이 곁에 와도 엉덩이 까놓고 볼일 본다. 그늘에 앉은 연인들의 어깨에 철퍽, 봄마중 나온 아지매 얼굴에 철퍽,

당최 나올 것이 나오지 않는다. 변기에 앉아 연신 끙끙대는 어머니. 무엇이 그리 단단히 막혔을까. 길은 사라진 지 오

래. 살길이 막막한 몸속에도 길이 있다는데, 들어가면 나올
길도 있다는데,

 욕실 문 사이로 장작개비 같은 허벅지 보인다. 언제부턴가
문을 열어 두고 볼일을 보신다. 답답해, 답답해, 자꾸 문을
열어젖힌다. 붉은 동백을 다 피우신 어머니. 서서히 몸이 닫
히는 중이다.
—「꽃아, 뛰어내려라」 전문

 '어머니'의 몸은 신진대사를 제대로 할 수 없는 '닫힌
몸'이 되어가고 있다. 그러나 어머니에게도 아름다운 개
화의 시절은 있었다. 그 시절로 인하여 현재 시인을 포함
한 우리 모두의 삶이 가능하게 되었다. 아이를 낳고 길렀
던 어머니의 몸은 지금 "장작개비 같은 허벅지"를 가지게
되었고 그 힘든 모습을 보는 시인의 시선은 안타까움으로
가득 찬다. 그러면서도 시인은 "붉은 동백을 다 피우신 어
머니"라고 말하면서 어머니의 생애가 지닌 의미를 되새기
고 있다. "서서히 몸이 닫히는 중이다"라는 구절에 이르러
그 어조는 사뭇 잔잔해지지만 시인의 마음은 더 큰 슬픔
으로 가득 찬다.
 이러한 모성성에 대한 연민은 "링거를 달고 변기에 앉
은 어머니. 기저귀를 갈아주는 자식놈에게 부끄러워 얼른

무릎을 붙이는, 옆구리에 두 개의 플라스틱 주머니와 큼직한 비닐 오줌보를 매단 어머니. 호스를 통해 세 개의 주머니에 채워지는 어머니의 붉은 육즙(肉汁). 오십 년 간 수액을 건네준 저 고로쇠나무"(「고로쇠나무」)라는 부분에도 잘 나타나고 있다. 소멸하는 모성성에 대한 애틋한 심정은 시인 자신의 모성성에 대한 자각을 통하여 더욱 간절해질 것이다.

    죽을 쑤려고 호박을 자른다
    뉴질랜드産 검푸른 단호박

    자그만 몸뚱이, 어디에 이런 힘이 들었을까
    칼날을 물고
    텅,
    도마에 텅, 텅,

    온몸을 들이받고
    돌덩이 같은 몸이 열린다

    반으로 잘린 단호박 자궁

    눈부신 속살에

호박씨들 우글우글 엉겨 있다

손을 넣어 끈끈한 호박씨를 긁어낸다
걸쭉한 피가 묻는다
움푹, 구덩이가 드러난다

두 번이나 도굴 당한 내 몸에도
구덩이가 파였을 것이다
—「단호박 자궁」 전문

사물의 내부를 들여다보는 일은 누구에게나 호기심을 불러일으킨다. 겉이 검푸른 단호박일지라도 그 속은 전혀 다른 색과 모양을 하고 있을 것이다. 모든 사물의 물질적 존재성 또한 그러할진대 하물며 인간은 어떻겠는가! "걸쭉한 피가 묻는다"라는 구절에 이르러 단호박의 몸은 인간의 몸으로 전이된다. 구체적으로 말하면 그 몸은 늙어가고 있는 여자의 몸이며 시인 자신의 몸이다. 시인은 단호박 안에 있는 움푹 파인 구덩이를 보고 세 아이가 살다 나간 자신의 자궁을 생각한다. 자궁은 여성성의 가장 원형적인 상징이다. 이곳은 단호박의 속처럼 은밀하게 은폐되어 있다. 여성의 자궁 역시 생산의 시절을 지나가면 어쩔 수 없이 불모의 흔적을 남기고 만다. 이것은 시인의 비애이며 나아가 여성 모두의 비애이다. 그러나 이것이 비애로만 그칠 수 없다는 점을 단호박의 "눈부신 속살"과 '우글우글 엉겨 있는 호박씨'의 의미에서 확인할 수 있을 것이다. 시인 역시 이 사실을 잘 알고 있다.

  마경덕의 시는 전통 서정시의 문법을 잘 지키면서 일상 속에서 직접 체험한 여러 국면들에 관한 형상화를 추구한다. 그러므로 그의 시에서 화자와 시인은 늘 일체화한다. 그의 시는 난해하지 않다. 깊고 따뜻한 그의 시는 언제나 인간에 대한 깊은 신뢰와 사랑을 바탕으로 하여 누추한 이 세계의 모습을 애틋하게 껴안는다. 낡아가는 것들, 소멸하는 것들, 죽어가는 것들을 향한 시인의 태도에서 대지모성적 상상력을 자연스럽게 읽어낼 수 있는 것은 이 때문이다. 버림받은 사물과 상처 입은 이웃을 측은하게 여기는 사랑의 시정신은 가족, 특히 늙으신 어머니에 대한 연민을 형상화하는 시를 통하여 모성성에 대한 탐색으로 나아가기도 하였다. 자신의 모성성에 대한 천착에 이르러 마경덕 시가 지닌 형이상학은 한층 더 깊은 국면을 보여주게 된다. 세계의 불화와 인간의 불행을 모성으로 위무하는 연민의 시정신을 구현한 마경덕 시인은 앞으로도 계속 훌륭한 서정시의 전범을 튼실하게 보여주리라 믿는다. 첫 시집 이후 더욱 새롭고도 깊게 펼쳐질 시의 진경에 기대하는 바 크다.

문학의전당 시인선 016
신발論
ⓒ 마경덕

1판 1쇄 발행	2005년 11월 30일
2판 6쇄 발행	2017년 2월 13일
지은이	마경덕
펴낸이	고영
책임편집	서윤후
디자인	헤이존
펴낸곳	문학의전당
출판등록	제2017-000002호
주소	서울시 마포구 마포대로 11길 91, 3층
전화	02-852-1977 팩스 02-852-1978
전자우편	sbpoem@naver.com

ISBN 978-89-98096-34-2 03810

* 이 책의 판권은 지은이와 문학의전당에 있습니다.
* 양측의 서면 동의 없는 무단 전재 및 복제를 금합니다.
* 잘못 만들어진 책은 바꿔드립니다.

이 도서의 국립중앙도서관 출판시도서목록(CIP)은 서지정보유통지원시스템 홈페이지(http://seoji.nl.go.kr)와 국가자료공동목록시스템(http://www.nl.go.kr/kolisnet)에서 이용하실 수 있습니다.(CIP제어번호: CIP2013010621)